Este libro le pertenece a:

....

Copyright © BPA Publishing Ltd 2020

Autora: Pip Reid

Ilustrador: Thomas Barnett

Director creativo: Curtis Reid

www.biblepathwayadventures.com

Gracias por apoyar a Bible Pathway Adventures®. Nuestra serie de aventuras ayuda a los padres a enseñarles a sus hijos sobre la Biblia de una forma divertida y creativa. Diseñada para toda la familia, la misión de Bible Pathway Adventures es reintroducir el discipulado en los hogares de todo el mundo. ¡La búsqueda de la verdad es más divertida que la tradición!

Los derechos morales de la autora y el ilustrador han sido declarados. Este libro está protegido por copyright.

ISBN: 978-1-989961-26-1

Traición al Rey

"Yeshua le dijo: 'Judas, ¿traicionas al Hijo del Hombre con un beso?'". (Lucas 22:48)

La ciudad de Jerusalén bullía de emoción. La Fiesta del Pan sin Levadura estaba a punto de comenzar. Cada primavera, la gente de cerca y de lejos llegaba a Jerusalén para celebrar esta fiesta especial y recordar cómo Dios había ayudado a sus antepasados a escapar del Faraón, el rey de Egipto.

"¿Vendrá Yeshua a Jerusalén este año?", preguntaba la gente. Sabían que a los líderes religiosos del Templo no les gustaba este maestro de Galilea. No solo enseñaba en contra de sus reglas y tradiciones hechas por el hombre, sino que muchos creían que era el Mesías prometido, el Salvador del pueblo de Israel.

Los líderes religiosos estaban preocupados. "Este hombre se ha vuelto demasiado popular. La gente cree en lo que dice. ¡Debemos deshacernos de Él antes de que ponga a todos en nuestra contra!". Pero tenían que tener cuidado. Si bien Yeshua tenía muchos enemigos, también tenía muchos amigos.

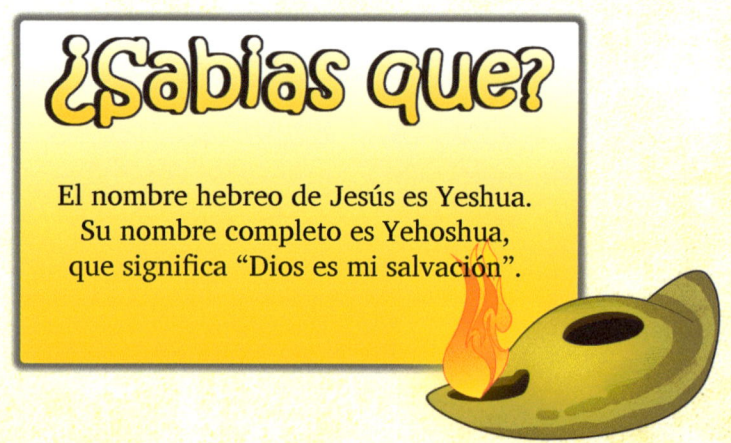

¿Sabías que?

El nombre hebreo de Jesús es Yeshua. Su nombre completo es Yehoshua, que significa "Dios es mi salvación".

Mientras Yeshúa y sus discípulos iban por el camino a Jerusalén, les dijo lo que sucedería antes de la próxima Fiesta. "El Hijo del Hombre será entregado a los líderes religiosos. Lo condenarán a muerte y lo entregarán a los romanos, que lo golpearán, maltratarán y matarán. Pero al tercer día, Él resucitará".

Los discípulos de Yeshua estaban confundidos. Habían viajado por Galilea con Él, escuchando Sus enseñanzas y viéndole hacer milagros. "¿Por qué el Maestro habla de ser condenado a muerte?", se preguntaban. No entendían que Él moriría pronto. Pensaban que había venido a luchar contra los gobernantes romanos y a convertirse en el Rey de Israel, como hizo el rey David.

Pronto, Yeshua y Sus discípulos llegaron al pueblo de Betania, cerca de Jerusalén. Un amigo de Yeshua, llamado Lázaro, salió corriendo a su encuentro. Yeshua se quedaba a menudo con Lázaro y sus dos hermanas, María y Marta, cuando visitaba la ciudad.

Los vecinos de Lázaro miraban desde sus casas al famoso maestro de Galilea. "¡Aquí está el maestro que hace grandes milagros!", dijeron. La última vez que Yeshua visitó Betania, Lázaro había muerto y Yeshua lo había resucitado. La historia de Lázaro se había extendido por todas partes.

Esa semana, Lázaro y sus hermanas hicieron una comida especial para Yeshua y Sus discípulos. Después de que terminaron de comer, María, con lágrimas en los ojos, abrió un frasco de perfume caro. El dulce olor fragante llenó la casa mientras vertía el perfume sobre los pies de Yeshua, secándoselos luego con su cabello.

"Qué desperdicio de perfume", dijo Judas, uno de los discípulos. "Podría haberse vendido por mucho dinero para dárselo a los pobres". Pero a Judas no le importaban los pobres. ¡Él estaba a cargo del dinero de los discípulos y lo quería para sí mismo! Mirando a Judas desde el otro lado de la mesa, Yeshua dijo: "Ella ha tenido este gesto bondadoso con motivo del día de Mi entierro. Siempre tendrás gente pobre, pero no siempre me tendrás a Mí".

Judas suspiró de frustración. Había esperado secretamente que el Maestro derrocara a los romanos y gobernara Israel. "Quedándome con Yeshua no llegaré a ninguna parte", murmuró. "Últimamente, solo habla de morir. ¿Dónde está el reino prometido? Tal vez los líderes religiosos me paguen bien por decirles dónde pueden apresarlo".

Esa noche, Judas se apresuró a través de las calles de Jerusalén al palacio del sumo sacerdote. Dentro, los líderes religiosos estaban haciendo planes en secreto para arrestar a Yeshua. "La gente está empezando a pensar que este maestro es más importante que nosotros. Algunos incluso dicen que es el Mesías. Debemos terminar con Su vida lo antes posible".

"No durante la Fiesta", dijo un sacerdote. "Las multitudes lo siguen a todas partes. La gente puede amotinarse si descubren nuestro plan". Uno de los principales sacerdotes asintió lentamente. "Matemos a Su amigo Lázaro, también. Creen en lo que dice Yeshua porque resucitó a Lázaro de entre los muertos".

De repente, Judas irrumpió en la habitación. "¿Qué me daríais si os ayudo a encontrar a Yeshua?". El sacerdote principal alzó las cejas. ¡No podía creer su suerte! Pensó por un momento y dijo: "Treinta monedas de plata". Judas hizo un gesto de aceptación y, sin añadir palabra alguna, se deslizó fuera de la estancia y se fundió con la noche. *"Si Yeshua ha venido de verdad a derrocar a los romanos, nada de lo que yo haga importará"*, se dijo. A partir de ese momento, buscó la oportunidad de traicionar a su Maestro.

¿Sabías que?

Las Escrituras instruyeron a los hombres a viajar a Jerusalén tres veces al año para celebrar los tiempos señalados del Pan sin Levadura, el Shavu'ot y el Sukkot.
(Deuteronomio 16)

Temprano a la mañana siguiente, los discípulos de Yeshua encontraron un joven burro para que Él lo montara. Al acercarse a Jerusalén, una multitud salió corriendo a Su encuentro. "Aquí está el Mesías", gritaron. Agitando ramas cortadas de palmeras, gritaron: *"¡Baruch Haba Be'shem Adonai! ¡Bendito sea Él, quien viene en el nombre de Dios!"*.

Los discípulos de Yeshua corrieron adelante, gritando y alabando a Dios a toda voz. "¡Bendito sea el Rey que llega!". La gente cubrió el camino con ramas de palma y ropa para hacer una alfombra real para darle la bienvenida a Yeshua. "Aquí está el tan esperado Mesías. ¡Por favor, libéranos!".

Un grupo de líderes religiosos escuchó a los discípulos alabando a Dios. "Maestro, dile a tus discípulos que se callen", dijeron. Pero Yeshua no estaba preocupado. "En verdad os digo que, si mis discípulos se callaran, las mismas piedras gritarían". Más gente salió de la ciudad para ver a qué se debía el alboroto. "¿Quién es este hombre?", preguntaron. "Este es el profeta Yeshua, de Galilea. Es el Mesías prometido".

¿Sabías que?

Un día hebreo comienza y termina al atardecer.

Yeshua cabalgó por las calles de la ciudad hasta el Templo. Afuera, cientos de soldados romanos custodiaban las puertas. Pilatos, el gobernador romano, no quería ningún mal comportamiento durante las cercanas Fiestas. En el interior, el patio se había convertido en un mercado. Los comerciantes compraban y vendían animales, y cambiaban dinero. Estaban engañando a la gente en lugar de honrar a Dios. Yeshua apretó Sus puños. El Templo nunca fue pensado para ser un lugar para comprar y vender cosas. Se suponía que era un lugar para adorar a Yah, su Elohim.

A la mañana siguiente, Yeshua volvió al Templo e hizo un látigo con una cuerda. Haciéndolo restallar sobre su cabeza, pateó las mesas de los comerciantes y derribó sus taburetes. "¡Cómo osáis convertir la casa de Mi padre en un mercado!", gritó con voz de trueno.

Las ovejas balaban y los bueyes gruñían. Las monedas se esparcieron por el patio y rodaron por los suaves escalones de piedra. Yeshua se dirigió a la gente. "Está escrito: 'Mi casa es una casa de oración. ¡Pero vosotros la habéis convertido en cueva de ladrones!'". Cuando los principales sacerdotes se enteraron de lo que había pasado, se pusieron furiosos. "No perdamos más tiempo. ¡Debemos encontrar la manera de matar a este hombre!".

Esa semana, Yeshua visitó el Templo para enseñar a todos acerca de Dios. Mucha gente vino a escucharle hablar y a ver si hacía milagros. Contó historias para enseñar a la gente los caminos de Dios y cómo quería que se comportaran.

Cuando los líderes religiosos vieron las multitudes alrededor de Yeshua, enviaron espías para engañarlo con preguntas difíciles y poder arrestarlo por hablar en contra de Dios. "Maestro, sabemos que enseñas las leyes de Dios. ¿Va contra nuestra ley pagar impuestos al César?". Yeshua sabía que los líderes religiosos enseñaban las leyes de Su Padre, pero no las obedecían. "¿Por qué actuáis como hipócritas y tratáis de engañarme? Dad al César lo que es del César, y dadle a Dios lo que es de Dios".

Otro hombre preguntó: "¿Qué mandamiento de Dios es el más importante?". Yeshua respondió: "Escucha, Israel. Amarás a Dios con todo tu corazón, alma y mente. Este es el primer y más importante mandamiento. El segundo es amar a tu prójimo como a ti mismo. Todas las instrucciones de Dios se basan en estos dos mandamientos". Los líderes religiosos apretaron los dientes. Aunque Yeshua habló en contra de sus reglas y tradiciones, aun así obedeció y enseñó lo que estaba escrito en las Escrituras. No pudieron encontrar ni una sola razón para arrestarlo.

Al comienzo del día de la preparación de la Pascua, Yeshua y Sus discípulos se reunieron en una casa en Jerusalén para una comida. Yeshua les dijo: "Quería celebrar la Cena de Pascua con ustedes antes de morir. Porque no comeré nuevamente hasta que comamos juntos en el Reino de Mi Padre". Yeshua tomó una copa de vino, pronunció una bendición y pasó la copa por la habitación. "Tomad esta copa y bebed de ella". Luego tomó un poco de pan y lo bendijo. "De ahora en adelante, haced esto para recordarme". Partiendo el pan en pedazos, se lo dio a los discípulos. "Tomad este pan y comedlo. Representa Mi cuerpo, que será entregado por vosotros".

Mientras los discípulos comían, Yeshua se levantó de la mesa. Echando agua en una palangana, comenzó a lavar los pies de sus discípulos. "No", dijo Pedro, uno de los discípulos. "¡Nunca me lavarás los pies! ¡Este es el trabajo de un sirviente!". Yeshua respondió: "Si no me dejas lavarte los pies, ya no puedes ser Mi discípulo. Te estoy mostrando cómo comportarte".

Entonces Yeshua les dijo: "Esta noche, uno de vosotros me traicionará". Los discípulos dejaron de comer. "Maestro, ¿quién haría tal cosa?". Se miraron fijamente el uno al otro de forma sospechosa. "¿Es él? ¿Soy yo?", se preguntaban. Yeshua dijo: "Es a quien le doy este pan". Tomó un trozo de pan, lo mojó en aceite de oliva y se lo dio a Judas. "Haz lo que tengas que hacer", le dijo. Ya estaba en el corazón de Judas traicionar a Yeshua. Se escabulló de la habitación y se adentró en la oscuridad. Era hora de traicionar al Rey.

Yeshua continuó instruyendo a sus discípulos. Luego los llevó a través de las puertas de la ciudad a un huerto de olivos llamado Getsemaní, donde a menudo iba a orar. "Esta noche, todos huiréis, abandonándome", dijo. Pedro sacudió la cabeza. "¡Imposible! Aunque todos huyan, ¡nunca te dejaré!". Yeshua sonrió a Pedro con tristeza. "Hoy, antes de que escuches al Pregonero del Templo, negarás tres veces el conocerme".

Yeshua llevó a sus discípulos más cercanos, Pedro, Santiago y Juan, más adentro del jardín. "Esperad aquí. Vigilad mientras rezo". Caminó un poco más y cayó al suelo. "Padre, todas las cosas son posibles para Ti. Por favor, no me hagas hacer esto. Pero haré lo que quieres que haga", rezó. En ese momento, Dios envió a un ángel para darle fuerzas, y Yeshua sintió su consuelo. Yeshua entendió que estaba a punto de morir para que se cumpliera la promesa de Dios de salvar a Su pueblo. El sudor corría por Su cara como gotas de sangre y salpicaba el suelo. Rezó aún más fuerte. "Si debo morir, que sea según Tu voluntad".

Yeshua regresó con los tres discípulos y los encontró profundamente dormidos. "¿No podíais vigilar ni siquiera una hora? Hacedlo mientras rezo". De nuevo, por segunda vez se fue a orar, y de nuevo los discípulos se durmieron. La tercera vez que esto sucedió, Yeshua dijo: "¡Levantaos! ¡El que me está traicionando ya está aquí!".

A través de los olivos, Judas y un grupo de sacerdotes y guardias del Templo, enviados por el sumo sacerdote, se acercaron a Yeshua. La luz parpadeante de sus antorchas iluminó el jardín. Judas les había dicho: "El hombre a quien bese será el que buscáis". Se acercó a Yeshua y le besó en la mejilla. "Shalom para ti, mi Maestro".

Yeshua miró a Judas con calma. "¿Traicionas al Hijo del Hombre con un beso? Entonces haz lo que tengas que hacer". Los sacerdotes señalaron enfurecidos a Yeshua. "¡Detenedlo! ¡Capturad a ese hombre!". Los discípulos miraron a Yeshua con incredulidad. No entendían lo que estaba pasando. Aún creían que su Maestro había venido a derrocar a los romanos y convertirse en el rey de Israel. "Maestro, ¿luchamos?", gritaron.

Sin esperar una respuesta, Pedro sacó su espada y golpeó salvajemente a un sirviente del sumo sacerdote, cortándole la oreja. "¡Pedro, guarda tu espada!", dijo Yeshua. "Esto es lo que Mi Padre quiere que haga. Él habría enviado un ejército de ángeles si Yo necesitara ayuda". Tocó la oreja del sirviente y lo sanó. Entonces Yeshua se volvió hacia los sacerdotes. "¿Venís a arrestarme como si fuera un ladrón? He estado enseñando en el Templo todos los días, pero no me habéis apresado allí. Sin embargo, todo esto ha sucedido para que se cumpla la Palabra de Mi Padre".

Los asustados discípulos corrieron por sus vidas. Tenían miedo de que los guardias del Templo los arrestaran también. Todos huyeron, excepto Pedro y Juan. Siguieron a Yeshua a la ciudad, manteniéndose en las sombras para no ser vistos.

Los guardias llevaron a Yeshua al palacio de Anás, un importante líder religioso. Anás era malvado y poderoso, y tenía muchos amigos romanos. Como otros líderes religiosos, se suponía que era el representante de Dios ante el pueblo. Pero los líderes no siempre se comportaban como Dios quería que lo hicieran.

Anás le hizo a Yeshua muchas preguntas mañosas sobre sus enseñanzas para tratar de engañarlo. Sin embargo, Yeshua era demasiado listo para caer en la trampa de Anás. "Enseñaba en las sinagogas y en el Templo. Nunca he dicho nada en secreto. Si queréis saber qué he dicho, preguntad a la gente que me escuchó". Anás caminaba de arriba a abajo. Sus preguntas no engañaron a Yeshua. Sin saber qué hacer después, dijo: "Llevadlo a Caifás. Que se ocupe de este supuesto Mesías".

¿Sabías que?

Las únicas Escrituras disponibles en el tiempo de Yeshua eran lo que llamamos el Antiguo Testamento. Eran conocidas en hebreo como Tanaj.

Los soldados llevaron a Yeshua a la vivienda de Caifás, donde se habían reunido los líderes religiosos. Caifás, que era el Sumo Sacerdote, les dijo: "Este hombre enseña en contra de nuestras reglas y tradiciones. Debemos encontrar una razón para matarlo antes de que el pueblo haga de Él su rey". Otro sacerdote dijo: "Demos a algunas personas dinero para que digan que es un alborotador". Miró alrededor de la habitación y bajó la voz. "Entonces, seguramente los romanos lo sentenciarán a muerte".

Esa noche Yeshua, fue llevado ante el Sanedrín, el consejo religioso judío. Decididos a declararlo culpable, interrogaron a muchos hombres a los que se les había pagado para que mintieran sobre Yeshua. Pero las historias que los hombres contaron no coincidían. Al final, dos hombres dieron un paso adelante. "Oímos a este hombre decir que Él destruirá el Templo y lo reconstruirá en tres días".

Caifás se puso de pie y miró a Yeshua. "¿Es esto cierto?", preguntó. Yeshua permaneció en silencio. De nuevo, Caifás preguntó: "En el nombre del Dios viviente, ¿eres el Mesías prometido?". Yeshua miró fijamente a Caifás. "Estás en lo cierto. Un día me verás sentado a la derecha de Mi Padre, entre las nubes del cielo". Este era justo el momento que Caifás había estado esperando. "¡Ningún hombre puede decir que es el Mesías!", gritó triunfante. "Esto es una blasfemia. ¡Está diciendo que Él es Dios! ¡Debe ser condenado a muerte!".

Mientras los líderes religiosos interrogaban a Yeshua, Pedro se calentaba cerca de una fogata en el patio de abajo. Era temprano en la mañana, pero todos estaban muy despiertos. Los sirvientes se apresuraban de un lado a otro. Los guardias se mantenían atentos. Todos sabían que algo estaba pasando. Una sirvienta que vigilaba la puerta miró a Pedro. "¿No eres tú uno de los discípulos de Yeshua?", preguntó. Pedro sacudió la cabeza. "No", le dijo. "No sé de quién estás hablando".

La sirvienta no estaba segura si creerle a Pedro. Hablando con los hombres que estaban cerca de la fogata, señaló a Pedro y dijo: "Este hombre es un discípulo de Yeshua de Galilea". Así que le preguntaron: "¿Eres uno de Sus discípulos?". Una vez más, Pedro sacudió la cabeza. "No, no lo soy", dijo. Poco después, otro sirviente se acercó a Pedro y le dijo: "Te vi en Getsemaní con Yeshua. Debes ser uno de Sus discípulos". Pedro se volvió hacia el sirviente enojado. "Mira", dijo. "¡No conozco a este hombre!".

Fuera, en la oscuridad, la voz del Pregonero del Templo resonó sobre la ciudad. "Todos los sacerdotes deben prepararse para el sacrificio. Todos los israelitas deben venir a adorar". Pedro miró hacia arriba y se quedó paralizado. Unos guardias cruzaban el patio llevando consigo a Yeshua. En ese momento, Yeshua se giró y miró directamente a Pedro. Y Pedro recordó lo que le había dicho: "Hoy, antes de que escuches al Pregonero del Templo, negarás tres veces el haberme conocido".

Temprano esa mañana, cuando todavía estaba oscuro, los líderes religiosos llevaron a Yeshua, atado y con los ojos vendados, ante Pilatos, el gobernador romano. Aunque Caifás lo había encontrado culpable, solo Pilatos podía condenarlo a muerte. Pilatos había venido desde Cesarea para mantener el orden durante la Fiesta. A menudo se alojaba en el palacio del rey Herodes cuando visitaba la ciudad.

Fuera del palacio, Pilatos había establecido un lugar para juzgar a los prisioneros. Cada año, durante la Fiesta del Pan sin Levadura, el gobernador romano liberaba a un prisionero elegido por el pueblo. Éste fue el lugar adonde los líderes religiosos llevaron a Yeshua. Queriendo que lo mataran lo antes posible, le dieron a Pilatos tres razones para declararlo culpable. "Este hombre le dice a la gente que desobedezcan a los romanos y que no paguen impuestos al César. Afirma que Él es el Rey de los judíos".

Pilatos no estaba seguro de si creerles o no a los líderes religiosos. Sabía que estaban celosos de este maestro de Galilea. Llevando a Yeshua a un lado, Pilatos preguntó: "¿Eres el Rey de los judíos?". Yeshua respondió: "Eres tú quien lo dice. Por eso nací y vine al mundo, para decir la verdad". Pilatos se frotó el mentón. "Los líderes religiosos te acusan de muchas cosas malas. ¿Qué puedes decir sobre eso?". Pero para su asombro, Yeshua se quedó callado y no respondió.

Fuera del palacio, una pequeña multitud se había reunido para elegir un prisionero. Pilatos les preguntó: "¿Queréis que libere a Yeshua, el 'Rey de los judíos'?". Los líderes religiosos incitaron a la gente a elegir a Barrabás, un famoso prisionero. La gente gritó: "No liberéis a Yeshua. ¡Liberad a Barrabás!".

Decididos a dar muerte a Yeshua, los líderes religiosos dijeron: "Él enseña al pueblo a desobedecer a los romanos. Empezó en Galilea y ahora ha venido aquí". Al escuchar que Yeshua había venido de Galilea, Pilatos tuvo una idea. Herodes Antipas gobernaba en Galilea y también había venido a Jerusalén para la Fiesta. "Llevad a este hombre ante Herodes", dijo Pilatos. "Puede que sepa qué hacer".

Herodes Antipas estaba encantado de ver a Yeshua. Aplaudió con emoción. "Tal vez este hombre haga un milagro para mí", dijo. Le hizo muchas preguntas a Yeshua, pero este no dijo una sola palabra. Herodes Antipas no estaba acostumbrado a ser ignorado. Golpeando sus puños sobre la mesa, gritó: "¡Traedle a este supuesto rey una túnica del mejor lino!". Pero Herodes no quería honrar a Yeshua. Quería burlarse de Él.

¿Sabías que?

Getsemaní, en hebreo, significa "prensa de olivas". En tiempos de Yeshua, se producía aceite de oliva aplastando las olivas en un molino de piedra y luego prensándolas bajo el peso de una prensa de viga para forzar la salida del aceite.

Después de que Herodes Antipas terminó de burlarse de Yeshua, lo envió de vuelta a Pilatos para que tomara una decisión. "Este hombre no ha hecho nada malo", dijo Pilatos a la multitud. "Incluso Herodes Antipas está de acuerdo conmigo. Le castigaré y le dejaré libre". Los líderes religiosos no querían que Yeshua fuera liberado. Una vez más, animaron a la multitud a elegir a Barrabás. "¡Liberad a Barrabás por nosotros!", la gente gritó más fuerte que antes. "¡Crucificad a Yeshua!".

Mientras Pilatos miraba a la multitud, su esposa le envió un mensaje urgente: "Deja en paz a ese hombre inocente. Anoche tuve una terrible pesadilla por Su culpa". Pilatos se hizo crujir los nudillos y pensó por un momento. La multitud se hacía cada vez más grande. Tenía que hacer algo antes de que la gente empezara a amotinarse. "¡Lleváoslo y dadle de latigazos!", ordenó finalmente a sus soldados.

Los soldados romanos obedecieron rápidamente y llevaron a Yeshua a sus cuarteles. Lo desnudaron, lo vistieron con una túnica púrpura y le pusieron una corona de espinas en la cabeza. "¡Viva el Rey de los judíos!", exclamaron en son de burla mientras lo azotaron y se burlaban de Él. Luego lo enviaron de vuelta a Pilatos, golpeado y cansado.

¿Sabías que?

Los romanos cobraban a la gente mucho dinero en forma de impuestos, para así financiar las carreteras, el gobierno y la seguridad. Estos cargos incluían un impuesto sobre el agua, un impuesto sobre la ciudad, un impuesto sobre las carreteras y un impuesto sobre los alimentos, como la carne y la sal.

Pilatos se sentó en su asiento de juez en el exterior del palacio. Yeshua estaba de pie, a su lado, llevando todavía la corona de espinas, como un rey. La multitud empujó y se abrió paso, gritando: "¡Crucificadlo! ¡Condenadlo a morir en la cruz!". Agitados por los líderes religiosos, comenzaron a amotinarse. ¡Pilatos tuvo que actuar rápido! "¿A qué hombre queréis que libere? ¿A Barrabás, o al 'Rey de los judíos'?". "¡Liberad a Barrabás! ¡Liberad a Barrabás!", atronaba la multitud.

"Si dejas ir a este hombre, no eres amigo del César", insistieron los líderes religiosos. "El único rey que tenemos es César". Pilatos echó un vistazo a Yeshua. No quería enviar a este hombre a morir. "Él no ha hecho nada malo. Barrabás sí es el culpable", murmuró. Miró a la multitud, tratando de decidir qué hacer a continuación.

Finalmente, Pilatos se puso de pie. Con el corazón entristecido, tomó un cuenco de agua y se lavó lentamente las manos. "Soy inocente de la muerte de este hombre. Matadlo vosotros", gritó a la multitud. "Que Su sangre caiga sobre nosotros y sobre nuestros hijos", respondió la multitud. Pilatos pudo ver que no tenía sentido discutir con la gente. Ellos habían decidido que Yeshua tenía que morir. Levantando su mano para silenciarlos, tomó una decisión. "Liberad al prisionero Barrabás", gritó. "Crucificad al Rey de los judíos".

FIN

¡Prueba tu conocimiento!
(Empareja la pregunta con la respuesta correcta en la parte de abajo de la página)

PREGUNTAS

¿Por qué viajó Yeshua a Jerusalén? ....

¿Quién derramó perfume sobre los pies de Yeshua? ....

En el Templo, ¿de qué acusó Yeshua a los comerciantes? ....

¿En qué ciudad comió Yeshua con sus discípulos antes de su arresto? ....

¿Qué hizo Yeshua por sus discípulos durante la comida? ....

En el jardín de Getsemaní, ¿cómo traicionó Judas a Yeshua? ....

¿Quién se le apareció a Yeshua en Getsemaní para darle fuerza? ....

¿Qué discípulo negó conocer a Yeshua tres veces? ....

¿Qué líder religioso acusó a Yeshua de blasfemia? ....

¿Quién sentenció a Yeshua a morir? ....

RESPUESTAS

1. Para celebrar la Fiesta del Pan sin Levadura
2. María
3. De convertir el Templo en una guarida de ladrones
4. Jerusalén
5. Yeshua les lavó los pies
6. Judas traicionó a Yeshua con un beso
7. Un ángel
8. Pedro
9. Caifás, el Sumo Sacerdote
10. Pilatos, el gobernador romano

Completa la sopa de letras

BURRO   **PEDRO**
TEMPLO   **JUDAS**
CAIFÁS   **GETSEMANÍ**
YESHUA   **DISCÍPULOS**
PILATOS   **JERUSALÉN**

D	I	S	C	Í	P	U	L	O	S
C	A	I	F	Á	S	T	T	Y	W
X	X	H	X	W	S	B	E	E	P
K	B	N	G	W	W	U	M	S	I
K	J	Z	Y	V	L	R	P	H	L
P	E	D	R	O	X	R	L	U	A
W	S	Y	U	P	L	O	O	A	T
G	E	T	S	E	M	A	N	Í	O
J	E	R	U	S	A	L	É	N	S
L	K	J	S	J	U	D	A	S	E

Bible Pathway Adventures

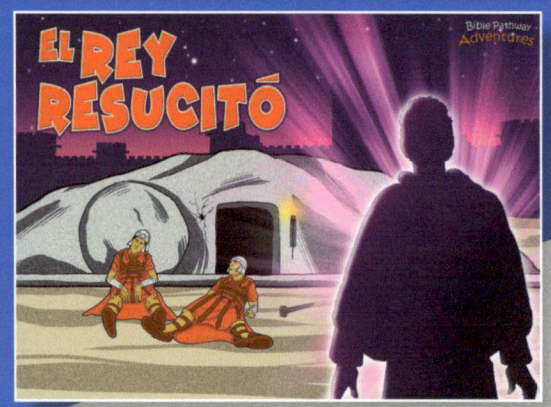
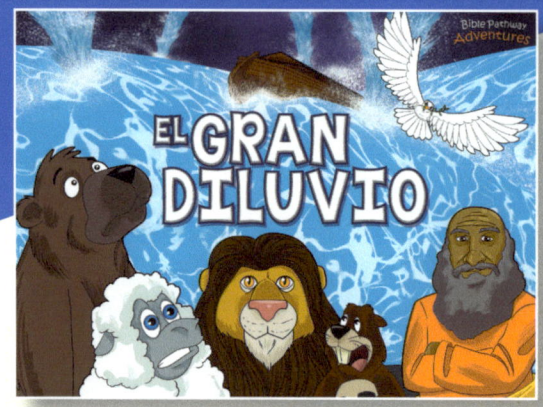
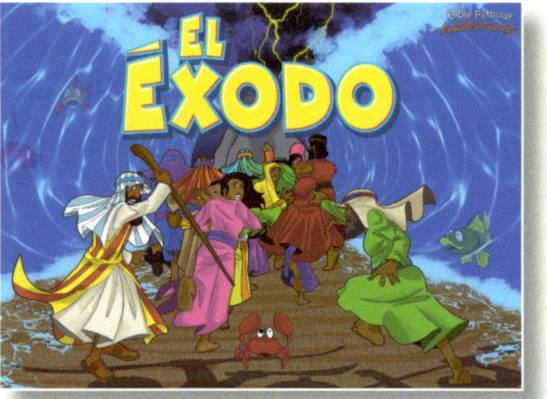

Salomón

El Éxodo

La huida de Egipto

Enfrentándose al Gigante

El Gran Diluvio

La Novia Elegida

El Nacimiento del Rey

Tragado por un pez

¡Naufragio!

Vendido como Esclavo

Arrojado a los Leones

Salvado por un Asna

La bruja de Endor

¡Descubre más historias de la Biblia de Bible Pathway Adventures!

Consulte los libros de actividades de Bible Pathway Adventures

IR A

www.biblepathwayadventures.com

www.ingramcontent.com/pod-product-compliance
Lightning Source LLC
Chambersburg PA
CBHW040319100526

44583CB00004BB/153